나뭇잎 詩처럼 떨어진다

권영숙 제4시집

나뭇잎 詩처럼 떨어진다

세종출판사

| 시인의 말 |

몹시도 그리운 것들, 나이를 먹어가자 눈에 보이는 것 들리는 것 발에 밟히는 것이 온통 추억으로 점철된다. 그것들은 아련한 행복감에 젖게 하면서 시로 변환된다. 나는 추억을 날실로 잡고 눈에 비친 현상들을 씨실로 삼아 감히 시라는 무명베를 짠다. 한 올 한 올 베틀을 찍으며 북을 칠 때마다 짜릿한 눈물이 돈다. 거기엔 다정했던 엄마 목소리, 햇살에 수밀도 고운 뺨을 반짝이는 소녀, 긴 머리를 바람에 날리며 퇴근하는 아름다운 처녀였던 과거가 살아난 까닭이다. 내가 사랑하는 모든 것들이 새순처럼 살아난 까닭이다. 도대체 무엇으로 하여 사람이 과거로 돌아갈 수 있겠는가. 올해도 또 한 나이를 먹었지만 시가 있어 두렵지 않다. 시는 생명인 까닭이다.

언제나 명 강의로 창작의욕을 불러일으켜주신 박정선 선생님께 감사드립니다. 함께 공부하는 문학사계 회원님들과 책을 만들어주신 세종문화사 임직원님들께 감사드립니다. 언제나 저를 사랑해 주시는 크리스천문인협회 회원님들께 감사드립니다.

2013년 아름다운 3월에

권 영 숙

| 차 례 |

1부

제2부

제3부

제4부

제5부

제1부

들국화 손수건

오랜만에 보송보송한 흰 구름 사이에
들국화가 수놓아진 손수건 한 장 샀다
일회용 화장지가 지천인 세상에
손수건이 귀찮아진지 오래인데
참 오래인데

친구와 음식점에서 식사를 할 때
무릎에 들국화 손수건을 펼쳐놓았다
음식을 다 먹은 후에
들국화 손수건으로 입을 닦았다
입속으로 가슴속으로 솔솔 들어오는
들국화 향기
가슴 속까지 그윽해 지는 향기
내내 들뜬 것 같은 기분이
물결치더니
내 얼굴 가득히 들국화가 피어났던지
'너 연애하느냐'고 묻는 친구

전설

쪼글쪼글 주름진 얼굴을 지팡이에 의지하고 앉아있다 눈은 보일 듯 말듯 눈꺼풀이 반쯤 덮여있다 기차는 아직 오지 않는데 언제부터 앉아 있었을까 할머닌 말라붙은 빈 입을 연신 쩍쩍거린다. 냉큼 가방을 뒤져 사탕을 꺼내 내밀었다 우물우물 사탕을 굴리는 할머니, 잘그락 잘그락 틀니에 사탕 부딪치는 소릴 들으며 나는 할머니의 청춘을 찾기 시작했다

아무것도 모른 채 열심히 사탕을 굴리는 할머니의 볼이 볼록 들어갔다 나오기를 반복할 동안 기차가 도착했다 우르르 사람들이 나오기 시작하고 딸인지? 얼굴이 닮은 중년 여자 손을 꼭 붙잡고 역사를 나가는 뒷모습, 누에처럼 느릿느릿 걷는 걸음 저 몸에 새파란 청춘이 있었다니

믿을 수 없는 전설

벼랑 끝에 선 나무

벼랑 끝에도 나무들이 살고 있다
나무들 움직이지 못 한다
제 자리에 선 나무들
하늘만 바라본다
아슬아슬한 벼랑 아랠
단 한 번도 내려다보지 않고
묵묵히 살아간다
바람이 흔들어 보고
눈비가 흔들어도
끄떡없이 제자리만 지키고 서 있다
벼랑 끝에서 선
외로운 나무를 안고 돌아와
밤새워 나무를 생각 한다
나무들 나무처럼 살라한다
벼랑 같은 세상,
벼랑 아랠 내려다보지 말고
나무처럼 살라한다

심지

캄캄해진 밤중
세상은 시커먼 숲처럼 깊어졌다
행여 그가 올까?
야생짐승의 파란 눈빛처럼
밤새 잠들지 못한 눈빛
새끼 찾는 짐승의 눈빛처럼
더 커진 동공

캄캄한 시간을 따라
별들도 모조리 지쳐가는 밤
차갑게 내리는 이슬
방울,
방울,
행여 산 넘어 올까?
까만 하늘을 바라보는 눈
지지지 타들어가는 가슴속 심지 끝에
가늘게 피어오른 연기

나뭇잎과 햇살

오월, 따뜻한 정오
해는 중천에 뜨고
나뭇잎은 이팔청춘이다

나뭇잎 사이사이로 반짝이는 햇살
나뭇잎마다 햇살이 앉았다
눈부신 청옥 빛

나뭇잎도 햇살을 만나면
청옥이 된다

초승달

초승달이
바다를 내려다본다
잔잔한 바다에
눈썹 같은 쪽배가 떠간다
초승달 쪽배를 따라 간다

고요한 은파
물결은 얼음판처럼 고요하고
초승달은 인생처럼
홀로
바다를 횡단한다

토함산의 아침

바다를 향해 토함산이 기지개를 켠다
새들과 나무들 잠깨는 소리 분주하다
투명한 초록이 얼굴을 드러내기 시작하고
새롭게 바다를 쓸어온 바람이 꿀처럼 달다
청정한 솔향기가 가슴속으로 젖어들어
밤새 쌓인 눈물을 씻어낸다
떠오른 아침 햇살 금빛 비늘이 바다를 채우고
바다는 금세 한 마리 황금물고기가 된다
이슬이 반짝이며 즐겁게 사라진다
꽃피는 소리
나무들마다 물오름 소리
쟁명하게 토함산을 울린다

참꽃 옆에서

매서운 꽃샘바람 속에
참꽃 피었다
비좁은 바위틈에 피었다
꽃샘바람 속에
여린 꽃잎 부지런히 팔랑거린다
참사랑,
참사랑,
참사랑이라고 말하는 것 같다
매서운 꽃샘추위에도
참사랑을 하란 것 같다
꽃샘바람 자꾸 불어오고
꽃잎은
팔랑,
팔랑,
참사랑 노랠 부른다
꽃샘바람 자꾸 불어올수록
참사랑 노래, 따뜻하다

가을 수채화

산이 불꽃이다
연기도 없이 활활 타 오른다
불속에서 새들이 노래한다
울긋불긋,
불꽃 속에서 사람들이
야호, 야호,
소리친다
사람들 환호성 소리에
단풍 잎
하늘하늘 떨어져
새처럼 날아간다

산길을 간다

산길을 간다
바람이 나를 향해 달려와
가슴을 톡톡 친다
고백이 듣고 싶은가 보다
바람이 내 가슴에 귀를 기울인다

나는 모른 척 산길을 달려간다
진달래 따러 달려간다
바람이 따라와
다시 가슴을 톡톡 친다
나는 모른 척, 진달래를 딴다
꽃잎을 코끝에 붙이고
하늘을 본다
바람이 꽃잎을 흔들어댄다
꽃잎이 나비가 된다
꿀꺽 눈물을 삼킨다
꽃잎 같은 얼굴,
보고 싶은 얼굴이
바람에 나부낀다
바람이 자꾸 가슴을 친다
눈물주머니를 꼭 조여맨다

앉은뱅이 꽃

흙 향기에 취하였나?
땅에 엎드려
손톱 같은 잎을 살짝 깔고 핀
앉은뱅이 꽃
노란빛,
자줏빛,
분홍빛,
색색이 구색을 갖춰
온갖 멋을 냈다
사람들 그냥 지나가지 못한다
사람들 허리 꺾어 들여다본다
작은 것은 작은 것대로
약한 것은 약한 것대로
사는 이유가 있다

삼베주머니에 핀 야생화

저물어가는 들녘
석양이 산마루에 걸터앉아
긴 밭뚝 아래를 내려다본다
나도 밭뚝 아래를 본다
나풀거리는 작은 들꽃 한 포기
손톱 끝보다 작은 들꽃의 미소
빈 화분이 생각나
쑥, 뽑아들었다
꽃은 삼베 옷자락 썩은 주머니에
뿌리를 내렸다
누가 입다 버린 옷일까?
삼베주머니 그대로 화분에 앉혔다
들꽃은 삼베주머니에서 잘도 피어났다
한 알의 밀알처럼
삼베는 썩어가면서도 꽃을 피웠다

사랑아, 바람아,

꽃처럼 천지에 사랑바람 질펀하다
나뭇가지에 새잎이 돋아나듯
마음마다 돋아나는 사랑
꽃향기처럼 사랑이 물결친다
자식과 어버이 사이에
스승과 제자 사이에
모든 사람과 사람 사이에
사랑하자,
사랑하자,

사랑도 연습이 필요해서
사랑도 습관이 필요해서
오월이면 사랑바람이 분다

가정이 흔들흔들
학교가 흔들흔들

사랑연습이 필요한 시대
사랑습관이 필요한 시대

새와 비파나무

비파나무에 새들이 앉아 운다
바람이 불고
비파 잎도 노래를 한다
비파, 비파,
새와 함께 합창 한다
바람이 멈출 때는 새들이
후렴을 하고
바람이 불면 노래가 합해 진다
비파나무 아래서
노래를 듣다가 떠오른 기억
어느 섬에서 맨 처음 비파나무를 만났다
배가 먼 바다로 나갈 때면 비파를 불어준단다
비파, 비파,
비파나무가 노래를 잘하면
고기잡이배가 만선을 해 돌아온단다
비파나무가 잘 울면
섬 처녀들이 좋은 신랑을 만난단다
비파, 비파,
여름 내내 비파나무 잘 울더니
노랑 열매 조랑조랑 맺어 놓았다

옥구슬 꿰기

책 한 권 읽고 나자
마음에 포동포동 살이 오른다
책 두 권 읽고 나자
마음의 뼈가 탄탄해진다
아무도 모른 비밀 쌓기
기쁨이라는 옥구슬 꿰기
목걸이를 만들어야겠다
한 겹
두 겹
세 겹
열 겹의 목걸이를 만들어
목에 걸어야 겠다

책을 읽지 않아도 사는 것은 사는 것
책을 읽어도 사는 것은 사는 것
사는 것 똑같아도 속엣 것이 다르다
은밀한 비밀이 목걸이 만들어간다
어제 '백년동안의 침묵'을 일고
옥구슬 한 개 꿰었다
오늘 '고도를 기다리며'를 읽고 옥구슬 또 한 개 꿰었다

쓰러진 풀잎

웡, 웡, 전기칼날 돌아가는 소리
어디선가 풀 베는 소리가 들려오고
풀 향기가 회오리쳤다
싱그럽다?
그래, 싱그러웠다
싱그럽다가
비릿해졌다
풋내,
모질게 베어진 풀의 혈관이 뿜어내는
비릿한 풋내가
눈물이 나도록
싱그러웠다
웡, 웡, 전기칼날 돌아가는 소리
형장의 이슬처럼
초개처럼 날리는 풀잎

제 2 부

꽃의 색깔에 대한 명상

보라 들국화는
가지 밭,
가지 꽃을 따먹고 보라 꽃 피웠나보다
노랑 들국화는
치자 꽃를 따먹고 노란 꽃 피웠나보다

붉은 봉선화는
고추밭,
붉은 고추를 따 먹었나보다
몽글몽글 하얀 옥매화는
한겨울 눈꽃송이를 따먹었나보다
칠팔월 하얀 찔레꽃은
하얀 나비가
꽃으로 피었나보다

꽃들은 모두
모두 그랬나 보다

후회

무더운 여름, 긴 장마 속에
가을 외투를 입고 찾아온 지인

장마가 그치고 햇살이 이글거리는 날
짧은 반소매와
내가 아주 아끼는 옷 중에 흰 장미꽃이 수놓아진
옷 한 벌 입혀 보냈다
한 해가 다 지나가고 다시 여름이 왔지만
옷은 돌아오지 않았다
흰 장미꽃이 그리웠다

지인의 말
갖다 드려야지, 갖다드려야지, 하다가 너무 바빠서……
날마다 해가 떠오르듯 만날 때마다 되풀이하는 그 말,
흰 장미꽃이 생각날 때마다
주지 말 것을, 주지 말 것을, 후회하다가
문득, 생각나는 것
내 것도 나를 떠나면 내 것이 아니라는 것

내게 잠시 머물렀을 뿐이라는 것이
후회를 후려치고 달아났다
올해도 흰 장미꽃은 그녀에게서 피어나리라
장미와 함께 그녀가 행복하기를

눈이 내리는 날

하얀 눈꽃이 내려온다
손잡고 차르르 차르르
아래로, 아래로,
똑바로 내려온다
더러는 바람에 날려 어디론가 달아난다
처음에 그들은 약속했을 것이다
함께 손잡고
똑바로 아래로 내려가자고
똑바로 아래로만 내려온 눈들이
소복소복 함께 쌓인다
이리저리 달아난 눈들은
어디론가 불려간다
바람난 어느 집 남자처럼
이리저리 다른 곳을 찾아 헤맨다

코고무신

커다란 장미꽃을 단 샌들을 신고
걷다가 꽃 같은 추억에 휘감긴다

장날마다 등장하는 예쁜이
빨간, 노랑, 초록 예쁜 꽃코 고무신이
난전을 수놓았다
경자 엄마는 나물거리를 팔아야 경자 코고무신을 살 수 있는데
팔리지 않는 나물이 시들어버리고
혜숙이 엄마는 떡을 팔아야 혜숙이 코고무신을 살 수 있는데
떡은 팔리지 않고 시어버리고
세상모른 아이들은
재미있는 고무줄뛰기에 해가지고
고무줄에 걸려 코가 찢어진다고
바닥보다 예쁜 코가 먼저 찢어진다고
엄마들은 애간장이 타고

예쁜 코 대신 커다란 장미꽃이 달린
샌들을 신고 걷다가 맞닥뜨린 추억
시큰하게 눈물이 돈다

그는 누구일까

아직 7월인데
밤마다 귀뚜라미 울음소리 바쁘다
바람은 한번 씩 와락
얼음물 세례를 퍼붓고 간다
백화점엔 가을 신상품이 진열되어있다
가만히 있어도 계절은 저절로 찾아오고 물러간다
가만히 있어도 꽃피고 바람 불고 비오고 눈 내리고
그러면서도 세금 한 푼 받지 않고……
그냥 잘 살라한다
부모처럼
잘 살아주면 고맙다고 한다
그는 누구일까?

청춘리듬

빙판 같은 머릿결
찰랑찰랑
물결친다
바람이 찰싹찰싹
머릿결을 친다
탁탁 튀는 물방울
청춘 멜로디가
똑, 똑, 구두소리에 맞춰
세상으로 퍼진다
햇살이 머릿결에 빛난다
눈부신 긴 머리 아가씨
긴 머리 아가씨가
가끔 하늘을 우러러 미소를 짓고
바람은 꽁지를 흔들며 맴돈다
내 눈에 이리 좋은데
그녀를 지으신 신은 얼마나 좋으실까

호박 한 덩이

호박 한 덩이 받아드니 부자가 부럽지 않다
막내딸이 시어머니가 주신 누런 호박을
나에게도 한 덩이 안겨주었다
몇 날을 거실 탁자에 올려놓았더니
집안이 그득하다
옛 어른들 늦가을 잘 익은 호박 덩이 따서
광에 쌓아놓고 바라만 봐도 배가 부르다고 했던 말
이제 알겠다
먹기 아까워 두고두고 보다가
이웃 생각하며 전을 부쳤다
먹는 황금
노란빛이 찬란하다

들꽃

들로 나섰다
들꽃이 나를 비탈진 언덕으로 이끈다
꽃에 취해 줄줄 미끄러져 내려간다
편한 곳에서 피지 못한 들 꽃들
어느 집 화려한 정원 구경조차 못해도
선하고 평화로운 얼굴
기쁜 얼굴
일평생 사는 동안
나, 들꽃만큼이나 살았을까
기뻐해봤을까?
웃어봤을까?
노래해 봤을까?
들꽃 같은 세상 구경이나 해봤을까?

바다

끝없는 바다
쉼 없이 움직이는 물결
등이 휜다
무거운 배
힘센 바람을 이고 선 바다

끝없는 바다
쉼 없이 물결치는 물소리
목이 쉰다
삶과 죽음을
수많은 영혼을 가슴에 품은 바다

설움에 까맣게 탄 가슴처럼
눈물이 울렁울렁
깊은 바다 속 진주는
지금 눈물을 삼키고 있다

눈썹달

변함없이 눈썹달 떴다
안으로 모아들인 선
순하고 아름다운 둥근 선
한 개 눈썹으로도 천하 미인이었지
여인들
이제 더 이상 너를 닮고 싶어 하지 않는 시대
너에게 반격한 눈썹들
기러기 날개 죽지로 변한 눈썹들이
곧 하늘로 날아오를 듯하지
눈썹달
묵묵히 넓은 창공을 가고 있다

한 송이 꽃을 피우기 위하여

봄 내내
장미덩굴 담장을 기어오르더니,
뻘뻘 땀을 흘리더니,
자칫 울음이 터질 것도 같더니,
높은 담장에 오른
장미
유월 중순
줄줄이 빨간 꽃을 피워 놓고
까마득한 아래를 내려다본다

덕동댐

경주시민들 물줄기 덕동댐
구름이 깃을 적신다
밤새도록 물안개 내려앉아 쉰다
물안개 젖은 기슭을 따라
참나무 평화롭게 늘어서 있고
가지에 앉아 노는 까치들
부지런히 마을을 향해 목청을 돋운다
물속은 푸른 수정 구슬
푸르게 일렁인다
옹기종기 돌들이 모여앉아
놀이를 한다
작은 고기떼들 이리저리 꼬리치며 분주하다
산 넘어 오리 떼들 소풍 온다

저녁으로 가는 시간

하늘 바다 수평선 황금 밥상
저녁상 차려지고
무지개 오색 바가지로
황금 물 퍼서 볼록볼록 쌀을 씻어
드륵드륵 가루 내어
금가루 떡시루
김이 무럭무럭 오른다

듬성듬성 떠가는 저녁구름
이부자릴 펴려간다
새떼들은 들판 가로질러 날아간다
모두 어디론가 돌아가는 시간
하늘도 황금 밥상을 물리고
잠에 든다
침잠, 고요한 세상
나뭇잎들도 소리죽여 떨어진다

봄 수채화 마을

그림 같은 복사꽃 울타리
따듯하고
지붕마다 색색이 조화를 이루었다
맑은 앞바다 옆 새순 돋는 갈대는
피리를 부는 양
살 비비는 소리

우도는 손님을 반긴다
영혼이 환히 보이도록
맑은 섬
구름은 눈사태 나듯
바다로 빠지고
하얀 달은 배를 띄워
하늘에서 바다로 빠졌다가는
다시 올라가고
밤새도록 바쁘게
하늘과 바다를 횡단한다
해가 뜨면 바다는
소녀처럼 순진해 진다

동백과 바다

연서처럼
눈 내리는 바닷가
연서처럼
붉게 핀 동백꽃

바다를 향해 날아가는
불꽃송이
기다림에 지쳤는가
먼 수평선을 향해
날아가는
붉은 나비

애처롭게 바라보는
겨울 태양
날개도 아닌 날개
파닥파닥
파도 끝에서
파닥파닥

아득한 바다 멀리서
반짝이는 태양 빛살 몇 줄기
소식은 없고
먼 빛살을 따라 날아가는
불꽃나비

꽃과 바람

곱게 핀 꽃
꽃끼리 동그랗게 손잡고 논다
여리고 여린 곱고 고운 손들이
바람을 쫓는다
꽃들 사이사이로 지나가는 바람
스치듯 여린 손을 만져본다
허리 한 번 슬쩍 휘감아 본다
내 색시가 되었으면 좋겠다
간절한 바람의 생각
꽃은 아랑곳없다

봄의 소나타

움이 튼 꽃망울 색색이 어우러져
푸른 들판에 수를 놓았다
목청을 다듬어 노래 부른다

봄을 위하여
지음 받은 몸
봄을 위하여
색색이 색을 얻은 몸

푸른 대지를 타고 실바람 불어온다
꽃향기 사뿐사뿐 떠다가
세상에 뿌린다

세상은 온통 꽃향기
햇살도 꽃향기에 취해
춘곤에 빠진다

얼음골 사과

밀양 얼음골 사과라는 외침이
한겨울 골목을 울렸다
트럭에 수북이 쌓인 사과들이
가슴에 얼음을 품었단다
무슨 사연이기에 가슴에 얼음을 품었을까?
얼마나 시릴까
얼마나 아릴까

사과들이 잘 생겼다
동그란 안정감
잘 읽은 붉은 빛
몇 개 사다가 반으로 쪼갰다
사과장수 말대로
가슴에 오롯이 모여 있는
노오란 꿀 한 숟갈
아마도,
말 못할
아픈 사랑일 게다

매화 아래서

천사의 영혼인가
따스한 실바람에
화르르 화르르
꽃잎 날리는 풍경

이른 봄, 만개한 꽃
매실 매화 흰 눈처럼 산을 덮었다
티 없이 맑은
성자의 웃음처럼 고아하다
잘 살고 간 어느 분 최후처럼
하얀 춤을 춘다
소박하다

매화 아래서
연인들 두 손 꼭 잡고 서있다
세상에서 가장
아름다운 약속을 한 모양이다

걸어가는 꽃송이

봄비가 제법 세차게 내리고
각양각색 우산들이 오고 간다
어린이집에서 나온 서너 살쯤의 꼬마도
꼬마우산을 썼다
엄마는 뒤따라가고 꼬마는 앞서 간다
하늘과 아이의 우산이 너무 멀다
아이의 우산과 땅이 닿을락 말락
봄비가 제법 세차게 내리고
아장, 아장,
꽃 한 송이가 빗속을 걸어간다
우산 속 아이는 머리카락 한 올 보이지 않고
한 걸음, 한 걸음, 빨간 장화를 따라
알록달록 무지갯빛 예쁜 꽃우산이
빗속을 걸어간다
제법 세차게 내리던 빗줄기가 간지럼을 탄다
귀여운 꽃우산을 따라 빗줄기가 속력을 줄이고
나비처럼 하늘하늘 곱게
꽃송이에 젖어든다

제3부

목련

나무에 핀 하얀 연꽃,
목련
하늘 향해 곱게 두 손을 모았다
목련꽃 꽃그늘에 서서
목련을 생각 한다
이제 곧 꽃샘바람에
꽃잎 떨어질 운명을

목련은
태연하다
선할수록 짧은 목숨이라는 것을
아름다울수록 먼저 지는 것을
목련이 가르쳐주는 시간

센텀시티의 밤

내가 사랑하는 부산,
부산 센텀시티를 거니는 날엔
무언가 우쭐해지는 마음
낮보다 그윽한 밤,
부산 센텀시티의 밤,
왕대나무 숲 같은 빌딩
수십 층,
층층이 불빛 바벨탑처럼
하늘 높은 줄 모르고 올라갔다
흔들흔들
불빛이 물결처럼 흔들린다
아이파크의 높은 돛대가
해풍에 돛폭을 펄럭인다
광안대교 불빛이 무색해졌다
신세계백화점 외벽
하늘만한 꽃송이 노블하게 반짝인다
나란히 서있는 롯데백화점 외벽은
고상하게 웃고 있다

한 치 생각의 차이가 좌우하는 대조
백스코는 국제화를
영화의 전당은 세계의 영화를
쌍끌이로 끌어안고 있다
저편으로 KNN부산방송 송신탑이
빙글빙글 원을 그리며 갖가지 소식을 찾고 있다
내가 사랑하는 부산
부산을 빛내는 화려한 밤
노블하게 반짝이는
셈텀시티의 밤

젖살향내

세상에서 가장 고귀한 향내
젖살향내,
너의 향기가 이끄는 힘
마음이 빛처럼 달려간다
너의 향내는 번개처럼 다가오고
내 발은 마음을 천배나 앞서간다

치아가 쏘옥 올라왔다고
에미는 자랑자랑,
싱글벙글,
내 강아지야,
내 강아지야,
내 새끼야,
내 새끼야 하던
옛 어른들의 동물적 감탄어가
나도 모르게 터져 나온다
토끼 같은 내 새끼야,
내 강아지야……

앉으나 서나 밥을 먹어도
잠을 자는 순간에도
코끝에서 맴도는
내 새끼 젖살향내

빗물과 고무신 추억

비가 오는 날
빗물 신발 가득 넘치고
물 찬 배처럼 고무신은
물을 싣고 뽀드득 뽀드득
꽈리를 불었지
입속의 꽈리처럼
뽀드득 뽀드득
한 걸음 뗄 때마다
부지런히 꽈리를 불었지
발가락 다섯 개
물에 퉁퉁 불어도
저는 재미있게 꽈리를 불었던
고무신
길은 멀고 발걸음 무거워도
꽈리소리 들으며
차박차박 걷던 옛길
이제 비오는 날에도 구두를 신고
물이 잘 빠지는 포도를 걸으며
젖어보는 추억
아주 고즈넉한 추억 한 자락

사계

봄, 아지랑이 아롱아롱
꽃 천국 세상
봄소식 줄줄이 모아와
시를 지으라 한다
여름, 대지를 불태운 여름태양
울창한 녹음
주룩주룩 소낙비 데려와
시를 지으라 한다
가을, 시원한 가을바람
알록달록 단풍잎 물들여 놓고
시를 지으라 한다
겨울, 하얀 눈 소복소복 내려 쌓여
시를 지으라 한다
시는 계절이 짓고
시인은 대신 한다

뜬구름

풀밭에 누워 하늘을 본다
구름이 어디론가 흘러간다
공중에 뜬구름 그냥 가는 것 아니다
모두 한길로 가고 있다
더러는 급하게 더러는 천천히
어딘가 목표가 있는 모양이다
그리운 그를 찾아서
혹은
잃어버린 그를 찾아서
넓은 허공을 저리 헤매는지 모른다

풀밭에 누워 하늘을 본다
살아온 지난날이
뜬구름처럼 흘러가고 있다

해운대 동백섬에 시를 걸다

오월의 낮 바다는 황금물고기를 키우고
밤바다는 달빛 그물을 친다
동백섬 까치는 동백꽃 피라고 울어 댄다
섬 정상에서 묵묵히 바다를 응시하는
해운 최치원 선생이 까치를 달랜다
꽃은 때가 되어야 피는 거라고,

바다가 에워싼 동백섬,
크리스천문인협회에서 동백섬에 시를 전시했다
작품들은 바다와 함께 보름을 살았다
내 시 제목은
"파도가 말하였네"
파도와 사귀고 돌아온 시
시는 노상 파도이야기를 들려준다
파도의 가슴속에는
늘 그리움의 꽃이 피더라고
바위에 제 몸을 부수며 소리치더라고
인생은 그래도 살만한 거라고

늙은 나무에 기대어

늙은 나무에 기대어 섰다
엄마 등처럼 따듯하다
가슴 울리는 숨소리
느린 숨소리가 발아래까지 울린다
여기저기 표피 벗겨져있고
군데군데 붉게 드러난 살이
늙은 엄마처럼 애처로운 나무
나뭇잎도 듬성듬성
바람도 그냥 지나가고 마는데
우듬지에서 새소리가 들린다
막내딸을 반기는 엄마처럼
새들이 모여 울고 있다
엄마가, 엄마처럼 늙어가는 딸을
애처로워함인가!
생각해보니 이 늙은 나무에 기대어
퍽이나 울었던 기억
오늘도 나, 붙박아선 채 가슴 아리고
엄마처럼,
늙은 나무 나를 놓아주지 못 한다

촛불회상

얼음물 깨어 머리감아 목욕재개하고
얼어붙은 머리는 고드름 서걱서걱
한지로 덮어 놓은 갓 쪄낸 백설기
모락모락 김이 올라 정성은
하늘에 닿고

대여섯 개 촛불이 바람을 타고
팔락팔락 이리저리 허리 휘면서도
엄마의 간절함처럼 꺼지지 않고

세상에서 가장 흰, 소복을 입은 엄마
황토 위에 짚을 깔고
그 위에 신발 곱게 벗어놓고
두 손 모아 절을 하는 엄마
숨도 쉬지 않았지

화인처럼 가슴에 새겨진 엄마 모습
자식 위해 빌던 엄마의 간절함이
내 가슴에 살아, 나는 살아왔나보다
그랬나보다

가슴에서 피는 꽃

화원에 핀 꽃 화려한 꽃들
황후처럼 화려하다
꽃집에 진열된 꽃들
공주처럼 화려하다
가정집 정원에 핀 꽃들
귀족처럼 우아하다

계절 따라 핀 수만 가지 들꽃들
봄꽃, 진달래 개나리 민들레……
여름 꽃, 목백일홍 패랭이, 원추리……
가을 꽃, 들국화 갈꽃……
겨울 꽃, 인동초……

화원의 꽃들 꽃집의 꽃들 정원의 꽃들
계절 없는 정처 없는 꽃들
구경하고 돌아서면
눈앞에서 사라지고 마는 꽃들

계절 따라 피는 들꽃들
피기도 전에 마음에서 먼저 피어난다
가슴에서 피어난다

화원의 꽃들, 눈앞에서 피고
들에 핀 들꽃, 가슴에 피어난다

꽃등불

싸리문 밖 붉은 수국화
덩싱덩실
커다란 등불 켜놓고 기다린다
밤새 뜬 눈으로
멀리 동구 밖을 바라본다
바람만 분다
꽃등불 꺼지지 않고 밤을 지킨다
무정한 발걸음소리 들리지 않고
꽃등불
뜬 눈으로 날을 밝힌다

버들개지

꽃샘바람 물결 찰삭찰삭 갈기는 냇가
버들개지
갓난아기 털북숭이 보얀 털이
꽃샘바람을 탄다
새들이 콩인가 싶어?
콕콕 쪼아보다 날아간다
어디선가 달려온 꽃꽂이꾼들
상기된 얼굴로 버들개지 마구 꺾어 쥔다
나도
어려서 철모르고 꺾었던 기억에 사로잡힌다
버들개지 울음소리
어린 울음소리가 들린다

순천만에서

갈대 우거진 만을 따라 난 길이 평화롭다
물은 잔잔하고 갈대는 유유자적하게 바람을 탄다
김승옥의 단편 '무진기행'을 생각하며
작은 유람선을 타고 만을 따라 돌아본다

해가 서산을 향해 줄달음질치기 시작하고
만에 긴 노을이 드리운다
갯벌에 내려앉는
두루미 황새 쇠기러기 노랑부리새 등
각종 새떼들이 먹이사냥을 시작한다
밤안개가 서서히 깔린다
오랜만에 순천만에서 얻은 휴식
사는 것,
딱 이만큼만 평화로웠으면 좋겠다

연꽃

연꽃, 세상 꽃과 멀찍이 떨어져 피었다
낮은 곳, 진흙탕에서 피었다
세상 꽃들
제일이라고 뽐내는 꽃들
낮은 곳 진흙 속에서
저리 초연하게 꽃이 필 줄 몰랐을 것

한 성인聖人으로 하여
긴 인고의 명상에서
눈을 뜨게 한 꽃,

꽃을 바라본다
촉촉이 여름비가 내리고
연꽃 말없이 미소 짓고 있다
낮음의 아름다움
시원한 여름비 속에
고요하게 빛난다

민들레의 노래

슬픈 노래, 설움을 노래한다
발길에 밟혀도 그냥 사는 꽃
제자리를 떠날 수 없는 꽃
몸 부러진 곳 하얀 진액이 흘러도……

묵묵히 새끼 꽃을 키우는 꽃
억압받는 어느 인생을 꼭 닮았다
새끼들을 끌어안고 벙어리 인생을 살아가는
어느 어미들을 닮았다
뉴스,
나쁜 남편들이
아내와 자식들을 무자비하게 폭행한다는
뉴스가
연일 일기예보처럼 터져나온 세상
아무도 듣지 못한 남의 일
길을 가면서 자꾸 뒤돌아본다
발걸음 붙잡는 민들레의 슬픈 노래가
연일 귓가에서 맴도는 봄

유리찻잔의 꽃 1

손수 끓여내 주신 차,
찻잔을 놓고 작가님과 마주 앉았다
찻잔에 꽃이 피었다
맑고 투명한 찻잔에
주황, 보라, 연노랑 꽃들이
별빛처럼 피어있다
꽃들이 내게 다가와 속삭인다
사는 것,
이 작은 꽃 한 송이 피우는 거라고
사는 것,
거대한 전차를 끄는 것이나
거대한 성을 쌓는 것 아니라고
고달프고 외롭더라도
작은 꽃처럼 말없이 사는 거란다
저만 아는 꽃 한 송이 피워 올리면
그만이란다
고요한 기쁨이 강물처럼 흐르기 시작하고
나는 문득 고개를 들고
이 찻잔 저에게 주세요! 라고 소리쳤다
내 영혼에서 피어나기 시작한 작은 꽃 한 송이

유리찻잔의 꽃 2

투명한 유리잔에
어제는 녹차,
오늘은
갈색 커피,
무엇을 담든 그대로 보여주는
정직한 유리찻잔
찻잔을 빙 둘러
선명하게 피어나는 작은 꽃들

하늘엔 흰 구름 몇 조각
세상엔 지금 꽃이 만발한 계절
창 너머 저편 복사꽃이 나를 부르지만
내 눈과 마음은 이 작은 연못
투명한 유리찻잔에 깊숙이 빠져있다
커피 향을 머금은 작은 꽃과
눈을 맞추는 시간
내 마음 나비처럼 꽃에 깃들었다

유리찻잔의 꽃 3

하늘과 바람과 우주를 품은
작은 꽃 몇 송이
어린 소녀의 맑은 눈빛이다
나에게도 어린 날이 있었던 기억이
꽃처럼 피어나고
한 모금씩 차를 마실 때마다
어린 날이 꽃으로 피어난다
막내로 태어나
할머니 같은 엄마의 빈 젖을 만지던 일
엄마 같은 큰언니 젖을 먹고 자란 일이
싸리 꽃처럼 송알송알 피어나는
투명한 유리찻잔
모든 것은 그리움
지나간 모든 것이 그리운 날엔
눈물을 삼키듯
투명한 유리찻잔의 꽃과 만난다

제 4 부

머리 숙이는 날

비가 내리고
거리의 사람들 모두 머리 숙이고 간다
산도 머리 숙였다
비오는 날은
자기를 만나는 날
자기 앞에 머리 숙이는 날

오직 빗소리뿐
고요한 세상
모두 자기 안으로 들어간다
비는 하늘에서 내리고
비를 향해 머리를 쳐든 사람은 없다

허공과 팔월

허공에서 펄럭이는 태극기
자유,
만세,
이맘 때 허공에서 태극기가 펄럭이면
저절로 만들어지는 말
자유,
만세,
해마다 8월이 오면
허공은 슬픈 기억에 몸살을 앓고
태극기를 달아야 한다고 당부하는 관공서
잊혀져가는 기억을 슬퍼하는 허공과 팔월

눈雪 속의 집

펑펑 눈 내려 쌓이고
눈이 온다고
산 까치 까악까악 울어댄다
산중턱에 아주 작은집 한 채
하얀 눈에 깊숙이 묻혀
꿈속처럼 앉아있다
누가 사는 걸까?
누군가 저 꿈속 같은 집에 앉아
사랑에 빠져있겠다

누구나 한 번쯤 꿈꿔보는
눈 속의 집
화롯불에 알밤을 올려놓고 마주보며
알밤이 익기를 기다리겠다

하얀 눈 펑펑 내리고
눈 속에 묻혀있는 집
꿈속 같은 집 굴뚝에서 연기 오른다
아궁이 앞에 나란히 앉아 불을 때며
활활 타오른 불꽃같은 사랑을 주고받겠다

벼랑 끝에 선 해송

홀로 서 있는 작은 소나무
해풍은 모질게 불어오고
소나무 눈 못 뜬다
허리가 휘고 가지마다 뒤틀렸다
그래도 목숨 붙들고 잎을 피운
벼랑 끝에 선 나무
나무, 파도소리에 귀 기울인다
파도의 포말을 들이 마신다
저 위, 산들은 모두 평온한데
넌 하필 왜 거기에 서 있느냐고
물으려다 입 다물었다
인생은 더 험한 벼랑 끝에서 곡예를 하지 않느냐고
오히려 묻기에
보이지 않는 벼랑 끝에서 그네를 타지 않느냐고,
낡은 그네 줄에 매달려 무섭지 않느냐고
오히려 묻기에 입 다물었다
절박하다, 산다는 것

만리향 나무

나무를 올려다본다
하얀 눈 싸라기 같은 꽃
없는 듯 수수하다
나무도 울퉁불퉁 볼품이 없다
만리를 넘어 퍼지는 향기
누가 향기를 펌푸질하고 있나보다
발걸음 떨어지지 않고
서 있을수록 행복해진다
꽃처럼 향기롭게 살라는 엄마의 당부가
머릿속에서 향기롭게 맴돈다

청춘의 계단

대구 충혼탑 높다란 돌계단을 따라
아카시아 꽃잎 한때의 청춘을
분수처럼 쏟아져 내린다
꽃잎의 포말을 맞으며
청춘남녀가 가위, 바위, 보, 놀이를 한다
한 계단 한 계단 번갈아가며
사랑이 익어간다
함께 나란히 올라서기도 하고
남자가 더 오르면 여자가 좇아가고
여자가 더 높이 오르면
남자가 좇아가고……,
어쩌다 뚝 떨어진 거리
멀어진 거리에
아카시아꽃잎 소복소복 쌓인다
멀어진 사랑처럼 점점 더 멀어진 거리
층층이 높이가 다른 계단처럼
사랑은 나란히 걷기가 저리 힘든 것인가
아카시아꽃잎 멀어진 거리에 하얗게 쌓인다

철새

높다란 가을하늘을
새들, 앞만 보고 날아간다
물길처럼
구름처럼
앞만 보고 날아간다
텅 빈 뼈 속
바람 속을 뚫는 날개
다시는 되돌아갈 수 없는 인생처럼
결코, 뒤돌아보지 못 한다

앞만 보고 가는 길
그냥가지 못 한다
허공중을 울리는 울음소리
높다란 울음소리
청명한 가을하늘
쨍그랑 금이 간다

봄, 부활

산 너머 산
물 건너 물이 서로 만난다
산불처럼 이어지는 푸름
그리웠던 연인처럼
지난겨울 이별했던 시간이
너무 길었다고,

얼마나 기다렸던가 땅 속의 생명들
생각해보니 부활이다
작년의 매화, 진달래, 목련, 개나리, 민들레
모두 그대로 피었다
미나리꽝의 미나리, 쑥, 냉이, 달래……
모두 한 점 흐트러지지 않는 모습
작년 그대로
제 작년 그대로
나 어릴 적 그 모습 그대로
이 땅에 생명 한 번 태어나면 영원하다는 것
살아도 살고 죽어도 영원하다는 것
이제 알겠다
산 너머 산, 물 건너 물이 서로 만난다
부활이다

여름나무

청년이다
가슴 떡 벌어진 가지
숱 많은 잎
파르르 휘익,
푸르르 휘익,
휘파람소리 청명하다
뜨거운 햇살을 꿀꺽꿀꺽 삼키는
뜨거운 정열
튼튼한 몸은 누구나 의지하기에 알맞다
짙은 그늘
그늘에서 시원하게 쉬어가는 사람들
여름나무,
파르르 휘익,
푸르르 휘익,
휘파람불며 사람들을 부른다

바위에 앉아

몇 만 년이나 살아왔을까
무거운 먹 바위
명상가처럼 바위에 앉아본다
바위에도 온기가 있는지 따뜻하다
바위에도 심장이 있는지
두근거린다
바람과 눈비가 지나간 자리
울퉁불퉁한 얼굴을 쓰다듬어 본다
손끝이 짜릿하다
무슨 말인가 들린 듯도 하다
바위에 앉을 때마다
뭔가 하나씩 떠오른 게 있다
세상의 모든 것엔 의미가 있다는 것

수놓는 달빛

달이 뜬 밤
가로수 아래로 걸어간다
달빛이 내 옷자락에 나뭇잎 수를 놓아준다
머리에는 예쁜 나뭇잎 핀을 꽂아주고
손목에는 나뭇잎 팔찌를 걸어주고
신발에도 예쁜 나뭇잎 무늬를 수놓아준다
호사한 밤, 달밤
행복하여라
소녀처럼 나풀나풀 치맛자락을 날리며 간다
달빛은 내가 걷는 보도 블럭에도 수를 놓아 준다
어느 위대한 분이 가는 길을 꾸며주듯이
나뭇가지 그림자 너울너울 일렁인다

무명화가와 산수화

갖고 싶으면 가져가요,
지인이 준 산수화 한 폭
무명화가의 작품이란다
구름과 바람을 품은 산
인적이 드문 것 같은 깊은 산 중간쯤에서
하얀 폭포가 바람을 헤치며 떨어진다
물길, 용처럼 산 아래로 길게 흐르고
물길이 닿는 저 아래 너럭바위에서
삼삼오오 아낙들이 모여 빨래를 하고 있다
토닥토닥 빨래소리 귀에 들린 듯하다
유명화가의 그림만을 소장한다는 지인
습기가 찰까, 도둑이 들까, 다칠까,
전전긍긍, 그림을 모시고 사는 지인 덕택에
구름과 바람과 물을 만나는 재미
처음처럼
빨래하는 아낙들 빨래방망이소리를 듣는 재미
날마다 '생각'이라는 숙제를 내주는 산수화
무명화가의 그림이 내안에 생각을 키우고 있다

쓸쓸한 봉선화야

꽃잎만 붉게 햇살을 타는 한여름
아파트 화단에 봉선화 지천으로 피었다
아무도 따지 않는다
코를 톡 쏘는 알코올 냄새 아랑곳없이
서너 살 꼬마들도 손톱 발톱에
매니큐어를 바르는 풍경

한여름 빨간 꽃잎을 따서
백반을 섞어 손톱마다 처매고
시원한 대청마루에 누워 잠이 들었던
사춘기 소녀시절
첫사랑을 찾아가는 꽃마차
오색찬란한 꽃마차를 타고
예쁜 손톱을 반짝이며 미지의 숲길을 달렸던
사춘기 소녀들
전설이 되어버린 꽃,
봉선화
소녀들이 그리워 먼 구름을 바라보는
쓸쓸한 꽃잎

청산도 보리밭

서편제 영화에서처럼
멋진 청산도 보리밭길을 간다
앞에는 질펀한 바다물결
청산도에는 관광용 보리밭 물결
푸른 보리 쫑긋쫑긋
대궁이를 뽑아 올리고
꽃처럼 봄바람을 타는
관광용 보리밭 물결……

푸른 보리 쫑긋쫑긋 잎이 올라올 무렵이면
아리랑 보릿고개 백두산처럼 높았다지
소쩍새 소쩍소쩍 울다가 날아가고
딸 보러 온 친정 엄마는
울며울며 돌아갔다지

서편제 영화에서처럼
멋진 청산도 보리밭 물결
소쩍새 울음소리 들리지 않고
파르르 파르르 꽃노래를 부르는
관광용 보리밭 물결

산수유 꽃과 호수

호숫가에 산수유나무 한 그루
봄 물 위에
눈처럼 쏟아지는 노란 산수유 꽃
더 노랗게
호수에 다시 핀 산수유 꽃
물을 만난 꽃
꽃을 만난 물
호수는 노란 꽃을 띄운
커다란 꽃차 한 잔

장대비

하늘이 얼마나 높은지
아무도 모른다
어느 여인처럼 참았던 눈물일까
가슴을 열어젖히고
장대비를 쏟아낸다
하늘도 억장이 막힐 때가 있나보다
하루 종일 장대비를 쏟고 있다
하늘은 너무 높아서
하늘은 지상에서 너무 높아서
아무도 몰라주는 하늘
하늘도 가슴이 꽉 막힐 때가 있어서
지상을 향해 장대비를 쏟아내고 있다

한여름

2013년 폭염 속에서
땅위에 살아있는 모든 것들
바람도 구름도
말문을 닫았다
사람들도 말문을 닫았다
옆도 돌아보지 않은 채
조심조심 걸어가는 아스팔트 길
매미들만 목이 터지도록
큰소릴 치고 있다

제5부

꽃과 나비

세상 다 변해도 변하지 않는 것
꽃과 나비
나비가 오는 쪽으로 귀를 기울이는 꽃
꽃을 향해 소리 없이 날개 치는 나비
소리 없이 만나는 꽃과 나비
꽃과 나비처럼
세상은 소리 없이 내일로 가고 있다

수숫대

흔들흔들 바람을 타는
키 큰 모가지
세상에 우뚝 선 큰 키로
푹 숙인 알찬 고개
참새도 벼르다 벼르다
너무 높아
그냥 날아가고 만다
익을수록 고개 숙이는 법 가르치는
키 큰 수숫대

사계

아지랑이 어질어질 피어오른 봄
속살 같은 흙속에 씨앗을 묻었다

여름비에 앞 다투어 자라는 꽃들
장독대와 싸리 울타리에
채송화 패랭이 금잔화 봉숭아꽃들
가족처럼 모였다
국화향기
가슴속으로 먹먹하게 스며든 가을
새 옷으로 갈아입은 노란 초가집들
참새 떼들 휙휙, 벼논을 찾아
몰려다니고
새로 닦은 가을 햇살에
바삐 익어가는 열매들
초가지붕 위에 둥실둥실 몸 불린
하얀 박덩이

엄마

바다를 바라본다
배들이 어디론가 떠나간다
물새들도 어디론가 날아간다
모두 무언가를 찾아갈 것이다
그럴 것이다
울컥 엄마 생각
창파에 배 떠나가듯
다시는 못 올 길 떠나신 엄마
꿈에도 잊지 못할 막내딸 손을 놓고
떠나야하는 엄마 마음
나이가 들어갈수록 새록새록 피어나는 그날
나이가 들어갈수록 알 것 같은 엄마의 마지막 마음
바다를 바라본다
어디론가 떠나가는 배들
어디론가 날아가는 물새들
모두 목말라 보인다

가을 은행잎

노란 은행잎 우수수 쏟아져 내린다
황금이 길에 깔린다
아무도 거들떠도 보지 않는다
황금에 초연한 사람들
세상이 변했나보다
고르고 골라
황금 부채 하나 주워들고
웃는다

열매들

감나무에는 감이
사과나무에는 사과가
배나무에는 배가
모두 둥글둥글
샛노란 모과도 둥글둥글
열매들 모두 우주를 닮았다
열매를 먹는 사람들 모두
한 알의 우주

꽃과 씨앗

꽃도 뿌리가 아니면 씨로
뿌리가 아니면 씨로 제 존재를 이어가는
생명임을
정말 그런 생각을 모처럼 하며
꽃을 바라본다
무슨 꽃이든 꽃은 아름답다
꽃은 한때
바라보는 꽃으로 지고 마는 줄 알았다
한때 피었다 지고 마는 꽃이 아니다
꽃이 아름다운 건
씨앗 때문이다
꽃들 씨앗으로 가는 길이다

참나무 곁에 서면

어떤 시인의 시에서
참나무는 참말만 하고
참사랑만 하고
참 좋은 생각만 한다는 걸 읽었다
그래서인지
참나무에 기대면 따뜻하고
든든하고
푸짐해지고
어쩐지 참 좋은 생각만 하게 된다
참나무를 만나는 날엔
나도 참나무가 되는 모양이다

탱자나무 곁에서면
가시 돋친 탱자나무를 닮을 지도 몰라

선물의 의미

밥풀만한 꽃이 반짝이는 선인장 화분
딸이 대학생 때 학교에서 돌아오다 사다준 선물
"엄마가 무척 좋아할 것 같아서 샀어"
손바닥 안에 든 작은 화분을
화장대 위에 올려놓고 바라보는 재미
딸은 시집가고 텅 빈 집
작은 선인장이 날마다 인사를 한다
오늘 아침에도 꽃처럼 눈뜨라고
꽃 같은 인사를 한다

산을 오른 사람들

산은 말이 없고
사람들은 말을 묻으러 산으로 간다
산은
오를수록 말이 없다
오를수록 검은 먹 바위
산은 끝까지 입을 다물고
사람들은 끝없이 산을 오른다
사람들 크게 입 벌려 외친다
야호, 야호,
야호를 외쳐봤자 메아리뿐
산은 말이 없고
오늘도 고단한 삶을 이고지고
산을 오르는 사람들

새

아침 일찍부터 새가 운다
울음소리에 흔들리는 나뭇가지
바람에 깃털이 떤다
밤새워 그리웠던 탓
토해 내거라 새여,
가슴 속 꽉 채운 그리움
왈칵 쏟아 내거라
새여,

그리워서

나뭇가지도 그리워서 몸을 흔든다
나비도 그리워서 꽃을 찾는다
구름도 그리워서 어디론가 흘러간다
바람도 그리워서 이리저리 부딪쳐본다
그리워서 못 견디고
그리워서 길을 나선다
모든 것 거짓말쟁이 정 때문
다시는 돌아보지 않겠다고
깡그리 까맣게 잊겠다고 밤새워 다짐하고
약속하고도 다시 그리워지는 정
목말라 금이 가는 가슴
불붙어 까맣게 숯덩이가 되고도
거짓말처럼 그리워지는 정
밤새 그리워서

봄 바다의 향연

청사포 바다
봄을 안았다
속까지 푸르다
고기들 칼칼한 새 비늘이 돋고
파도는 새로 피운 함박꽃

어부는 흥얼거리며 봄 바다를 노 저어간다
봄 파래를 뜯는 아낙들
새로 지은 노래를 부른다

바다 저만큼 미역발마다 둥둥 뜬
부표들 한 마리 새가되어 물결을 찬다
햇살 바다위에 솔솔 내리는 소리
싸르르, 싸르르,

바람은 햇살 사이, 사이를
부지런히 왔다갔다, 비단을 짠다
모두 무엇이 되어가는 어울림

뿌리

한때를 사는 장미꽃
화려한 장미꽃 담장에 올라 앉아 피었다
지나가는 사람들 고개 들어 장미꽃을 쳐다본다
더러는 발걸음 멈추고 가까이 다가가
향기를 맡아보기도 한다

꽃의 한때가 지나가고,
장미꽃 시들어가기 시작 한다
지나가는 사람들 시들어가는 장미꽃을 향해
꽃은 인생처럼 허무한 거라고 한탄 한다

꽃은 져도 뿌리는 남아
내년 이맘때 다시 꽃이 핀다는 것
아무도 생각지 않는다
꽃만 보고 뿌리는 보지 않는 사람들을 향해
장미꽃 쓸쓸히 진다

달을 찾아오다

토끼 두 마리 마주보며 방아 찧던 달
찾아왔다
나를 바라보며
보름달 싱글벙글 웃고 있다
추석명절을 앞두고
쿵더쿵 쿵더쿵 방아 찧는 소리
떡방아 찧는 장단소리

내가 어른이 되고부터
힘없이 뜬 달
점점 허무해진 달을 바라보며
수십 년 고민 끝에
과학이 훔쳐 가버린 달
다시 찾아왔다

최후에 대한 명상

그렇게 순백할 수가,
그렇게 눈부실 수가,
목련, 하늘정원에 핀 꽃인가 했지
성자의 곁에서만 피는 꽃인가 했지
반짝, 찬란한 시간이 지나간 다음
어느 날 아침

썩은 걸레처럼
누런 꽃잎 나뭇가지에 척척 걸쳐있는 형상
더러는 척척 땅바닥에 추락하기도 하고……

우리의 찬사가 한창일 때
거기서 내려올 일이지
높은 가지를 치어다보며 우리가 감탄할 때
높은 가지에서 사뿐 내려올 일이지

꽃은 피는 것보다 지는 것이 더 어렵다는 말
알만하다
한때 화려했던 시절 차마 떨치지 못해
끝까지 붙어있던 최후
짧은 꽃의 생애
꽃은 피는 것보다 지는 것이 더 어려워
짧은 목숨인가보다

긴 머리 소녀야

쳐진 눈 거죽 사이로 눈물처럼 비치는
친구야, 긴 머리 소녀야,
그리운 옛 시절
마치 태극기처럼
감태같은 긴 머릴 바람에 휘날리며
우린 꿈을 꾸었지
아기자기한 미래를
높은 구두에 미니스커트를 입고 뽐내며
우린 꿈을 꾸었지
알록달록한 미래를……

반생을, 인생 가운데토막 뚝 잘라
자식에게 남편에게 바치고
이젠 빈껍데기뿐
태극기처럼 휘날리던 긴 머리
감태같은 긴 머리는
염색약 범벅 투성이
가짜 검은 머리를 바람에 날리며

낮은 단화 긴 치마를 입고
먼 하늘을 바라보는 처진 뺨과 눈
처진 눈 거죽 사이로 눈물처럼 비치는
긴 머리 소녀야,

봄을 맞다

보슬보슬 봄비가 내린다
겨우내 기다린 꽃들 피어나라고
청매실 나무 봄비에 젖어
꽃길을 연다
가지 끝마다 봉긋 봉긋
어린 꽃잎들
세상을 향해 날개를 편다
하늘하늘 나비처럼 나는
꽃향기
가슴속으로 날아든 수만 개 나비들

꽃 세상,
눈 한 번 깜짝할 동안
앞 다투어 피어나는
꽃들
청매실 꽃, 사과 꽃, 배 꽃……
봄바람
꽃잎에 앉아 떠날 줄 모른 한가로움

나에게 어려운 부탁하기

슬픔도 미워하지 말자
내가 있어 만들어진 아픔인 탓에
눈물도 탓하지 말자
속에 것 녹여내는 신비한 약인 탓에
나를 미워함도 고마워하자
내가 그를 알고
그가 나를 잘 아는 까닭인 탓에

질투함도 고마워하자
외로울 땐 기다려진 탓에
모든 것
너무 가까운 탓에
모든 것
너무 잘 아는 탓에
사랑하고 미워하고 질투하는 것
누구나 물결처럼 움직이는 마음
천 갈래 만 갈래 길
물결 같은 마음에
배 한 척 흔들리며 떠가는 인생

세 번째 딸을 낳던 날

상처에 소금을 뿌린 듯
쓰라리게 쳐들어온 것도
추억은 추억이리라

세 번 째 딸을 낳은 설음에
움푹 페인 쇄골
우물 같은 쇄골이
꽃 수술 같은 어린 손을 넣어보는
아기

젖을 찾는 아기
입이 부르트도록 모자란 젖을 빨며
마른 얼굴에 눈만 커다란 어미를
간절히 치어다보는 배고픈 아기

한 방울 젖이라도 더 먹여보려고
젖을 쥐어짜듯
어미는 등을 굽혀 주지만
끝내 울음을 터트리는 아기

■ 해설

창을 열고 말 건네는 새로운 언어의 세상

김 정 자(문학평론가·시인·부산대 명예교수)

1. 새로운 언어의 창을 열고

권영숙 시인의 네 번째 시집 『샘물 같은 새벽길』을 대하면서 여러 가지로 생각이 깊어진다. 그녀는 남다른 출발로 시를 썼기 때문이다. 필자 또한 그녀의 시집을 두 번째 해설을 하게 되면서 남다른 연민과 애정을 갖게 된 것이 사실이다. 권영숙 시인은 시를 쓴다는 것은 새로운 말을 배우는 일이라고 한다.

표제 "나뭇잎 시詩처럼 떨어진다"이라는 이미지처럼 시는 그리움으로 다가온다. 시를 쓰기 이전은 말하는 벙어리의 삶이었다고 새삼스럽게 깨닫지만, 실상 시란 무엇인지 잘 모른다고 말한다. 잘 모른다고 말하지만 날마다 창을 열고 세상을 향해 말하는 언어들이 곧 시의 세계가 되고 있다. 그녀에게 있어 모든 사물들은 단번에 시로 변화하는 것이다.

2. 만상은 아름다운 관조의 대상

슬픔도 미워하지 말자
내가 있어 만들어진 아픔인 탓에
눈물도 탓하지 말자
속에 것 녹여내는 신비한 약인 탓에
나를 미워함도 고마워하자
내가 그를 알고
그가 나를 잘 아는 까닭인 탓에

질투함도 고마워하자
외로울 땐 기다려진 탓에
사랑하고 미워하고 질투하는 것
누구나 물결처럼 움직이는 마음
천 갈래 만 갈래 길
물결 같은 마음에
배 한 척 흔들리며 떠가는 인생

-권영숙, 「나에게 어려운 부탁하기」, 전문

미움도 사랑도 생을 오래 살다 보면 다 부질없는 것이라고 느껴진다.

슬픔이거나 질투심도 삶을 살아가는 하나의 과정들임을 깨달을 때, 그것마저 미워하지 않아야 하는 것임을 새삼 생각하게 된다.

인생은 물결 위에 부표처럼 떠가는 긴 행로에 불과한 것임을 생각해 보며 달관의 세계에 도달하려는 끊임없는 노력이 필요한 것임을 스스로에게 다짐한다.

생에 대한 조용한 관조의 자세, 하물며 달관의 자세란 진실로 어려운 일이란 것을 잘 알고 있기에 시인은 '나에게 어려운 부탁하기'로 간절히 염원한다.

벼랑 끝에도 나무들이 살고 있다
나무들 움직이지 못한다
제 자리에 선 나무들
하늘만 바라본다
아슬아슬한 벼랑 아랠
단 한 번도 내려다 보지 않고
묵묵히 살아간다
바람이 흔들어 보고
눈비가 흔들어도
끄떡없이 제자리만 지키고 서 있다
벼랑 끝에 선
외로운 나무를 안고 돌아와
밤새워 나무를 생각한다
나무처럼 살라 한다
벼랑 같은 세상
벼랑 아랠 내려다 보지 말고
나무처럼 살라 한다
하늘만 바라보며 그냥 살라 한다

권영숙, 「벼랑 끝에 선 나무」, 전문

우주의 만상은 시의 원천으로 뿌리를 내리고 생을 통찰하게 한다.

벼랑 끝에 선 나무들은 아슬아슬한 벼랑 아래를 내려다보지 않고 높은 하늘을 향하고 살아간다. 생의 도처에 험란한 위함과 위기의 순간이 도사리고 있는 것이 살아가는 일이다. 삶을 가로막는 장애물과 난관들이 시시 때때로 우리를 기다리고 있는 것이지만 그것들을 두려워하고 회피하기만 한다면 어찌 인생을 편히 살아갈 수 있겠는가. 벼랑 끝에 선 외로운 나무에게서 삶의 진리를 깨닫는 시인.

그는 어쩌면 수묵화 속의 한 폭 그림으로 존재하는 인물인지도 모른다.

> (…)
> 찻잔에 꽃이 피었다
> 주황, 보라, 연노랑 꽃들이
> 별빛처럼 피어 있다
> 꽃들이 내게 다가와 속삭였다
> 사는 것
> 이 작은 꽃 한 송이 피우는 거라고
> (…)
> 고달프고 외롭더라도
> 작은 꽃처럼 말없이 사는 거란다
> (…)
> 고요한 기쁨이 강물처럼 흐르기 시작하고

(…)
내 영혼에서 피어나기 시작한 작은 꽃 한 송이

권영숙, 「유리 찻잔의 꽃」, 부분

시인은 꽃 찻잔 속에서 꽃들의 속삭임을 듣는다. 인생은 거대한 것들을 만들어 내는 작업이 아니라, 말없이 꽃 한 송이 피워내는 행로이라고 꽃들은 이야기 한다. 고달프고 외로운 길일지라도 영혼 속에 작은 꽃 한 송이 피워 낸다면 충분히 아름답고 보배로운 것이 인생이라고 꽃들은 속삭인다. 인간은 우주 속에서 피어나는 꽃들과의 교호작용으로 하여 자연과의 동일의식을 느끼고자 한다. 그럼으로써 인간은 근원적인 고독감에서 벗어날 수 있으리라 믿는 것이다.

무더운 여름, 긴 장마 속에
겨울 외투를 입고 찾아온 지인

장마가 그치고 햇살이 이글거리는 날
짧은 반소매의
내가 아주 아끼는 옷 중에 흰 장미꽃이 수놓아진
옷 한 벌 입혀 보냈다
한 해가 다 지나가고 다시 여름이 왔지만
옷은 돌아오지 않았다
흰 장미꽃이 그리웠다

지인의 말
갖다 드려야지, 갖다 드려야지, 하다가 너무 바빠서……
날마다 해가 떠오르듯 만날 때마다 되풀이되는 그 말,
흰 장미꽃이 생각 날 때마다
주지 말 것을, 주지 말 것을 후회하다가
문득, 생각나는 것
내 것도 나를 떠나면 내 것이 아니라는 것
내게 잠시 머물렀을 뿐이라는 것이
후회를 후려치고 달아났다
올해도 흰 장미꽃은그녀에게서 피어나리라
장미와 함께 그녀가 행복하기를

권영숙, 「후회」, 전문

참 아름다운 글이다. 아끼던 물건을 잠시 빌려 주었지만, 돌려받지 못했을 때 그 아깝고 아쉬운 마음이야 오죽하겠는가. 공연히 빌려 주었다는 후회와 애석하고 괘씸한 마음이 가슴을 칠 것이다. 그러나 한 순간의 깨달음이 시인의 뇌리를 스치고 지나간다.

'내 것도 나를 떠나면 내 것이 아니라는' 상념의 순간에, 시의 화자는 '올해도 흰 장미꽃은 그녀에게서 피어나리라'고 믿는다.

내 것에 집착하던 소유의 집념을 후회하면서 친구에게서 아름다운 장미꽃이 피어나듯 행복해질 것을 기원한다.

그럼으로써 시의 화자는 역으로, 생의 아름다운 장미꽃

을 피워내는 가슴 따뜻한 시인으로 살아남게 될 것이다.

앞서, 시인의 말에서 이야기 했듯 시를 쓰는 것은 창을 열고 새로운 세상과 화해하고 교유하는 언어의 터전일 테다. 흰 장미꽃은 마음을 따뜻하게 열고 친구를 축복하는 시인의 가슴에 성큼 다가서는 새로운 세상이며, 축복의 언어로 열린 세상이 될 것이다.

> 커다란 장미꽃을 단 샌들을 신고
> 걷다가 꽃 같은 추억에 휘감긴다
>
> 장날아침 등장하는 예쁜이
> 빨강, 노랑, 초록 예쁜 꽃 코고무신이
> 난전을 수놓았다
>
> (…)
> 떡은 팔리지 않고 시어버리고
> 세상모른 아이들은
> 재미 있는 고무줄 뛰기에 해가 지고
> 고무줄에 걸려 코가 찢어진다고
> 바닥보다 예쁜 코가 먼저 찢어진다고
> 엄마들은 애간장이 타고
>
> 예쁜 코 대신 커다란 장미꽃이 달린
> 샌들을 신고 걷다가 맞닥뜨린 추억
> 시큰하게 눈물이 돈다

-권영숙, 「코고무신」, 부분

가난했던 우리들의 유년시절, 그래도 아름답고 순박했던 사람들의 이야기를 추억한다. 장에서 나물이나 떡을 팔아야 사랑하는 자식들의 예쁜 코고무신을 사 줄 수 있었던 부모님들의 마음이 애틋하게 전해오는 글이다.

권영숙 시인에게는 시의 소재들이 특별한 사건에서 비롯하는 것이 아니다.

그냥 섬섬하게 살아 나가는 생의 시간들에서 만나는 만상들이 모두 시의 소재로써 또는 시의 제재로써 다가와 말을 건넨다.

그는 언제나 따뜻한 마음의 눈으로 세상을 바라보며 조용히 사유한다.

눈 내리는 날도, 비 오는 날도 꽃 샌들을 신고 길을 걷는 순간에도, 매사를 놓치지 않고 시의 품안으로 녹여내는 힘을 가지고 있다.

> 호박 한 덩이 받아드니 부자가 부럽지 않다
> 막내딸이 시어머니가 주신 누런 호박을
> 나에게도 한 덩이 안겨 주었다
> 몇 달을 거실 탁자에 올려 놓았더니
> 집안이 그득하다
> 옛 어른들 늦가을 잘 익은 호박덩이를 따서
> 광에 쌓아놓고 바라만 봐도 배가 부르다고 했던 말
> 이제야 알겠다

먹기 아까워 두고두고 보다가
이웃 생각하며 전을 부쳤다
먹는 황금
노란빛이 찬란하다

- 권영숙, 「호박 한 덩이」, 전문

이처럼 주변에서 예사로 볼 수 있는 호박 한 덩이에도 시인은 무한한 행복을 느낀다. 세상을 바라보는 시선이 따뜻하고 아름다우면, 범상한 사물도 모두 아름답고 소중한 행복의 근거가 된다.

막내딸이 가져다 준 잘 익은 호박 한 덩이에서 부자가 된 듯한 푸근함을 느끼며 즐거워하는 시의 화자에게서 독자들의 마음도 부자가 되어 행복해진다.

삶에 녹아 있는 훈훈한 마음씨, 생을 향한 따뜻한 팔 벌림으로 하여 사람들을 포용하는 힘을 가지고 있다.

들꽃이 지천인 들로 나섰다
들꽃이 나를 비탈진 언덕으로 이끈다
꽃에 취해 줄줄 미끄러져 내려간다
편한 곳에서 피지 못한 들의 꽃을
선하고 평화로운 얼굴
기쁜 얼굴
일평생 사는 동안
나, 들꽃만큼이나 살았을까

기뻐해 봤을까?
웃어 봤을까>
노래해 봤을까?
들꽃 같은 평화 구경이나 해 봤을까?

-권영숙, 「들꽃」, 전문

세상은 결국 보는 이의 눈빛과 마음의 색깔로 형성됨을 우리는 잘 알고 있다. 그것이 만유의 진리임을 알면서도 마음은 생각한 만큼 수월하게 선하고 아름다운 색깔을 지니기 어렵다는 사실도 우리는 잘 알고 있다.

행복해지려는 욕망은 태산 같지만 그것을 위한 행함은 결코 쉽지 않다. 그러기에 삶은 고달프고 힘겹다.

들판에 지천으로 피어 있는 들꽃들은 세상 사람들의 무심한 시선과 무관심 속에서도 그 아름다움을 한껏 뿜어내며 피어난다.

그 선하고 해맑은 얼굴들에서, 자신은 과연 인생을 기뻐함과 웃음과 맑은 목소리의 노래로 살아 왔는지를 되묻고 반성한다. 맑은 들꽃들과의 교감에서 생을 관조하는 시인의 자세가 애틋하고 아름답다.

발길에 밟혀도 그냥 사는 꽃
제 자리를 떠날 수 없는 꽃
몸 부러진 곳 하얀 진액이 흘러도……

묵묵히 새끼 꽃을 키우는 꽃
새끼들을 끌어안고 벙어리 인생 살아가는
어미들을 닮았다
(…)
아내와 자식들을 무자비하게 폭행한다는
연일 일기예보처럼 터져 나오는 소식
발걸음 붙잡는 민들레의 슬픈 노래 같구나

-권영숙, 「민들레의 노래」, 부분

길가에 피어 시달리고 짓밟혀도 다시 살아나 어여쁜 자태로 피어 있는 민들레. 민들레처럼 신산한 삶을 살아가는 사람들에게 연민과 위안을 바치고 싶은 마음이다. 모진 지아비들에게 짓밟히고 매 맞는 어미들이 자식을 위해 벙어리처럼 묵묵히 참고 견디는 모습을 안타까워 하며 분노와 슬픔을 느낀다.

시인은 길가의 작은 민들레 한 포기에도 따뜻한 애정의 시선을 보내며 자신과 사람들의 삶을 돌아보고 있다.

높다란 가을 하늘
새들, 앞만 보고 날아간다
물길처럼
구름처럼
앞만 보고 날아간다
바람 속을 뚫는 날개

다시는 돌아갈 수 없는 인생처럼
결코 뒤돌아 보지 못한다
(…)
높다란 울음 소리
청명한 가을하늘
쨍그랑 금이 간다

-권영숙, 「철새」, 부분

인생도 철새와 같은 행로에 불과한 것일까.

뒤돌아 보지 못하고 높은 창공을 앞만 보고 날아가는 철새들.

고공 속 철새들의 높은 울음소리는 가을 속으로 사라져서 다시는 돌아오지 못하는 인생을 닮은 것 같다.

앞만 보고 날아가는 철새들의 울음소리 같은, 인생의 무상함을 잘 나타내고 있다.

산 너머 산
물 건너 물이 서로 만난다
산불처럼 이어지는 푸름
그리웠던 연인처럼
지난 가을 이별했던 시간이
너무 길었다고

얼마나 기다렸던가
부활의 생명들
(…)

모두 그대로 피었다
작년 그대로
재작년 그대로
진달래, 목련, 개나리, 민들레
미나리, 쑥, 냉이, 달래…
나 어릴 적 그 모습 그대로
이 땅에 생명 한 번 태어나면
살아도 살고 죽어도 영원한 것
산 너머 산, 물 건너 물이 서로 만나듯
아, 부활이다

-권영숙, 「봄, 부활」, 부분

가을 높은 하늘 속으로 앞만 보고 가는 철새처럼, 인생 또한 그렇게 허망하게 가버리면 그만일 수도 있다.

그러나 위의 시와 같이 삶에 대한 시선을 다른 시각으로 돌려 보면, 생은 영원히 돌고 도는 순환의 고리로 엮어져 있음을 알게 된다.

죽음은 생명의 부활을 의미하는 것이며, 탄생 또한 언젠가 다가오게 될 죽음을 깔고 있는 순환과정이 아닌가.

만상의 슬픔은 기쁨 가운데 있고, 기쁨은 슬픔의 핵으로 남아 윤회하게 된다.

몇 만 년이나 살아 왔을까
무거운 먹바위

명상가처럼 바위에 앉아본다
바위에도 온기가 있는지 따뜻하다
바위에도 심장이 있는지
두근거린다
바람과 눈비 지나간 자리
울퉁불퉁한 얼굴을 쓰다듬어 본다
손끝이 짜릿하다
무슨 말인가 들린듯도 하다
바위에 앉을 때마다 생각나는 건
통하면 따뜻하다는 것이다

-권영숙, 「바위에 앉아」, 전문

권 시인에게는, 이처럼 만상이 아름다운 관조의 대상이 된다.

묵묵히 세월을 삭여온 바위에 앉아서도 그 체온을 느끼고 그 심장의 박동 소리를 듣는다.

범상한 사람들이 무심히 스쳐 지나갈 수 있는 자연의 온갖 대상물들이 그에게는 생명의 기운으로 다가온다. 만상에게 말을 건네면 그들은 어김없이 생의 노래를 들려 주고 영혼의 속삭임을 느끼게 한다.

만상을 하찮은 것으로 간과하지 않고 그들 영혼의 속삭임을 듣는 권영숙 시인이야 말로 영락 없는 시인의 영혼을 가지고 있는 것을 알 수 있다.

3. 아름다운 회상 작용

비가 오는 날
빗물 신발가득 넘치고
물 찬 배처럼 고무신은
물을 신고 뽀드득 뽀드득
꽈리를 불었지
입속의 꽈리처럼
뽀드득 뽀드득
한 걸음 뗄 때마다
부지런히 꽈리를 불었지
발가락 다섯 개
물에 퉁퉁 불어도
저는 재미있게 꽈리를 불었던
고무신
길은 멀고 발걸음 무거워도
꽈리소리 들으며
차박차박 걷던 옛길
이제 비오는 날에도 구두를 신고
물이 잘 빠지는 포도를 걸으며
젖어보는 추억
고즈넉한 추억 한 자락

-권영숙, 「빗물과 고무신 추억」, 전문

비가 새는 고무신을 신고도 뽀드득 꽈리 소리를 느꼈던 어린 시절. 가난해도 행복했던 우리네 유년시절을 추억하게 하는 아름다운 글이다. 찢어진 고무신에 빗물이 넘쳐 흘러도 마냥 행복했던 어린 시절은 아니었으리라. 험난하고 힘들었어도 지나간 일들은 아름답게 느껴지는 것이 세상의 진리이고 보면, '모든 것은 순간이며, 그리고 지나간 것은 그리워 하느니라' 고 했던 러시아 젊은이들의 우상 푸시킨을 새삼 떠올리게 된다. '물이 잘 빠지는 포도를 걸으며 젖어보는' '고즈넉한 추억 한 자리'에 동승하며 함께 아름다운 유년의 비 오는 날을 걷고 싶은 마음이다.

얼음물 깨어 머리 감아 목욕재계하고
얼어붙은 머리는 고드름 서걱서걱
한지로 덮어 놓은 갓 쪄낸 백설기
모락모락 김이 올라 정성은
하늘에 닿고

대여섯 개 촛불이 바람을 타고
팔락팔락 이리저리 허리 휘면서도
엄마의 간절함처럼 꺼지지 않고

세상에서 가장 흰 소복을 입은 엄마
황토 위에 짚을 깔고
그 위에 신발 곱게 벗어 놓고
두 손 모아 절을 하는 엄마
숨도 쉬지 않았지

화인처럼 가슴에 새겨진 엄마 모습
자식 위해 빌던 엄마의 간절함이
내 가슴에 살아
나는 살아 왔나 보다
그랬나 보다

-권영숙, 「촛불 회상」, 전문

자식 위해 모든 것을 희생하던 우리네 어머니들의 모습이 간절하다. 어머니의 지성과 사랑으로 자식들은 키워지고 어른이 되며 우주는 아름답고 풍성하게 형성된다.

모성은 만유의 근본이며 근원이다. 황토빛 설움을 이겨내고 한을 삭여, 간곡한 기도로 우리네 자식들을 키워내는 힘이야 말로 그 어떤 힘보다 강한 우주의 에너지로 남는다.

세상에서 가장 흰 소복을 입고 기도하던 어머니의 모습을 회상하는 시인에게서, 우리 또한 우리네 어머니의 모습을 발견하게 될 것이다.

간절한 염원과 기도로 이어지는 세상이야말로 얼마나 아름답고 절절한 이룸과 기쁨이 살아 있는 곳인가를 생각하게 하는 글이다.

바다를 바라본다
배들이 어디론가 떠나간다
물새들도 어디론가 날아간다
모두 무언

가를 찾아 갈 것이다
울컥 엄마 생각
창파에 배 떠나가듯
다시는 못 올 길 떠나신 엄마
꿈에도 잊지 못할 막내딸 손을 놓고
떠나야 하는 엄마 마음
나이가 들어 갈수록 새록새록 피어나는 그날
나이가 들어 갈수록 알 것 같은 엄마의 마음
바다를 바라본다
어디론가 떠나가는 배들
어디론가 날아가는 물새들
모두 목말라 보인다

- 권영숙, 「엄마」, 전문

그러한 어머니는 이제 추억 속에 존재하는 아득한 회상일 뿐이다.

황토빛 한을 안고 자식 위해 지성을 바치던 어머니는 막내딸 손을 놓고, 한도 바람도 없이 그냥 무상히 흐르는 강물이요 바람일 뿐, 그 어디에서도 따뜻한 어머니의 모습은 보이지 않는다.

아득한 회상 작용에서만 기억할 수 있는 어머니, 눈물 없이는 생각해 낼 수 없는 애틋한 어머니의 영상, 손 흔들며 가마득히 사라진 어머니, 우리들에게 무상의 은덕으로만 남아 있는 어머니.

떠나가는 배처럼 어디론가 멀리 떠나버리신 어머니를 그리워해 보아도 소용없는 흔적으로만 남는 어머니, 그 어머니를 그리워한다.

쳐진 눈거죽 사이로 눈물처럼 비치는
친구야, 긴 머리 소녀야
그리운 옛 시절
마치 태극기처럼
감태 같은 긴 머릴 바람에 휘날리며
우린 꿈을 꾸었지
아기자기한 미래를
높은 구두에 미니 스커트를 입고 뽐내며
꿈을 꾸었지

반생을 자식에게 남편에게 바치고
빈 껍데기뿐
태극기처럼 휘날리던 긴 머리
감태 같은 긴 머리는
염색약 범벅 투성이
가짜 검은 머리를 바람에 날리며
낮은 단화 긴 치마를 입고
먼 하늘을 바라보는 처진 뺨과 눈
처진 눈 거죽 사이로 눈물처럼 비치는
긴 머리 소녀야

- 권영숙,「긴 머리 소녀야」, 전문

화려했던 젊은 날의 환상이 사라진 친구에게서, 자신의 모습을 투사한다. 빛나는 머리칼을 태극기처럼 휘날리고 살았던 소녀 적 젊음을 회상하며 그리워한들 무슨 소용이 있으랴.

누구든 한 번은 빛나는 젊음이 있고 아름다운 청춘을 누리지만, 누구든 또한 젊음을 상실하고 늙어가기 마련이다.

그것을 가졌을 때는 아이러니하게도 그것을 모르는 것이 사람의 한 평생이다. 가진 것을 누리지 못하는 어리석은 인간의 한 생을 무엇으로 해명할 수 있겠는가. 그 어떤 설명으로도 진실을 깨닫지 못함이 인간의 생리인 것을…

시인의 회상작용으로 인한 투사(projection)는 친구의 모습에서 발견하게 되는 안타까움으로 전이된다.

4. 창을 열고 바라보는 새로운 언어의 세상

권영숙 시인은, 시를 쓴다는 일을 통해서 언제나 새로운 세상을 만나며 그 세상에서 신선하고 새로운 언어들과 교유하게 된다고 한다. 또한, 시를 쓰기 이전에는 벙어리의 삶을 살았던 것이 아니었느냐고 말한다. 새로운 세상은 새로운 시선으로 사물을 바라봄으로써만 그 열림이 가능한 세계이다.

그는 범상한 사물들을 결코 범상하게 지나치지 않는다.

작은 꽃 한 송이, 풀 한 포기에도 따뜻한 가슴으로 각별한 관심을 가지며 관찰하는 자세로 임한다. 그러기에 그의 시 속에 등장하는 대상들은 대개가 평범한 사물들에 불과하다. 그의 시는 조용한 관조의 세상이 가을 물결처럼 펼쳐진다. 결코 뜨겁거나 흥분하는 일도 없이 범상한 토운을 가진 언어의 물결들이 고요히 흐르고 있다. 그럼에도 그의 시 속에는 생에 대한 따뜻한 교훈들이 충만하다. 세상을 떠난 그리운 어머니, 소녀 적 아름다웠던 친구의 회상에서도 잔잔히 생의 진리를 읽어 낼 수 있다.

권 시인이 이처럼 세상을 향한 따뜻하고 아름다운 시선으로 시를 쓰고, 시의 언어 속에서 새로운 세계의 언어들이 충만해지는 것만큼 행복해지기를 바라는 마음으로 이 글을 끝맺고자 한다.

권영숙 제4시집
나뭇잎 시詩 처럼 떨어진다

2014년 5월 19일 초판1쇄 인쇄
2014년 5월 25일 초판1쇄 발행

지은이 권 영 숙
발행인 이 길 안
발행처 세종출판사

부산시 중구 흑교로 71번길 12 (보수동2가)
전화 463-5898, 253-2213~5
팩스 248-4880
E-mail sjpl@chollian.net

등록 제02-01-96

ISBN 978-89-6125-802-9-03810

값 10,000원